LETTRE

DE

STANISLAS GIRARDIN,

A M. MUSSET-PATHAY,

AUTEUR DE L'OUVRAGE INTITULÉ :

HISTOIRE DE LA VIE ET DES OUVRAGES DE J. J. ROUSSEAU.

A PARIS,

CHEZ P. DUPONT LIBRAIRE,

ÉDTEUR DES OEUVRES COMPLÈTES DE J.J. ROUSSEAU, etc., etc.

1824.

LETTRE

DE

STANISLAS GIRARDIN,

A M. MUSSET-PATHAY,

SUR LA MORT DE J. J. ROUSSEAU.

PARIS, IMPRIMERIE DE GAULTIER - LAGUIONIE.

LETTRE

DE

STANISLAS GIRARDIN,

A M. MUSSET-PATHAY,

AUTEUR DE L'OUVRAGE INTITULÉ :

HISTOIRE DE LA VIE ET DES OUVRAGES
DE J. J. ROUSSEAU.

Ermenonville, ce 8 juin 1824.

MONSIEUR,

J'ai lu votre écrit sur la vie et les œuvres de J. J. Rousseau : je rends avec plaisir une entière justice au mérite littéraire de votre ouvrage ; ce devoir acquitté, il m'en reste un autre à remplir, c'est celui de justifier mon père de l'accusation qui se trouve intentée contre lui dans votre livre, et qui n'est nullement fondée, comme j'espère parvenir à le démontrer.

Comment se fait-il que vous ayez pu croire un seul instant que Rousseau s'était donné volontairement la mort, et que vous ayez préféré à ce sujet des ouï-dire à des preuves légales ?

Sur quoi repose l'opinion que vous vous efforcez d'accréditer?

1° Sur le propos d'un maître de poste, rapporté dans une lettre de M. de Corancez; il prétend que celui de Louvres lui a dit « que M. Rousseau « s'était tué d'un coup de pistolet. »

2° Madame de Staël assure « qu'il s'est empoi-« sonné dans une tasse de café. »

Voilà deux versions différentes; mais, pour qu'elles ne se contrarient pas, vous les conciliez, et vous dites : « Nous croyons que, pour accélérer « le moment fatal, Jean-Jacques employa les deux « moyens, c'est-à-dire, qu'il prit du poison, et que, « pour abréger la lenteur de ses effets, la durée des « souffrances, il les termina par un coup de pistolet.

« M. de Girardin le nie. M. de Corancez, dans sa « relation sur la mort de Rousseau, dit qu'on se « mette à la place de M. de Girardin; il n'avait cher-« ché à attirer chez lui Rousseau, que pour son « bonheur et celui de sa femme. N'était-il pas bien « fâcheux, non-seulement de n'avoir pas réussi, « mais encore de pouvoir être accusé d'être la cause « première de ce malheureux événement? Sa déné-« gation et son silence sont donc dans l'ordre na-« turel. »

Connaissant la vérité, l'on me reprocherait, continue M. de Corancez, de ne pas la faire sortir tout entière. Après avoir affirmé qu'il la connaissait, l'on est tout surpris de l'entendre répondre à ses lecteurs (qui sont supposés lui demander : Rousseau s'est-il défait volontairement?): « je n'en sais

« rien, mais je le crois. » S'il n'en savait rien, pourquoi l'affirme-t-il? s'il n'en savait rien, pourquoi avance-t-il que la vérité lui était connue? s'il n'en savait rien, pourquoi s'est-il permis d'accuser M. de Girardin d'avoir altéré cette même vérité? Lorsque l'on s'y détermine, l'on a nécessairement un but; et quel but M. de Girardin pouvait-il avoir?

Supposons que Rousseau se soit tué; pourquoi M. de Girardin aurait-il voulu le cacher? quel est l'homme qui aurait pu raisonnablement l'accuser d'être la cause de ce *malheureux événement*? quel reproche pouvait-on avoir à faire à M. de Girardin? En était-ce un fondé, que de lui dire: Vous avez offert une retraite à Jean-Jacques dans le plus beau lieu du monde, vous l'avez logé dans un des pavillons de votre château, en attendant qu'une maison choisie par lui, eût été disposée pour le recevoir; vous lui avez prodigué des attentions de tous les genres: tant de prévenances, tant d'égards, tant de soins, ont été tellement insupportables à Rousseau, qu'il a pris pour s'y soustraire le parti de se détruire. Si cela fût arrivé, qu'aurait-on dit? Aucun tort sans doute n'eût été imputé à M. de Girardin, et l'on n'aurait vu dans ce suicide que ce qu'il aurait été en effet, un acte de démence.

Ce suicide, monsieur, n'a pas eu lieu, et le propos du maître de poste de Louvres n'a pas le moindre fondement. « Il avait cependant, dites-vous, frappé « M. de Corancez, et l'avait frappé à ce point, « qu'en arrivant à Ermenonville le lendemain de la « mort de Jean-Jacques, il en parla à M. de Gi-

« rardin, qui en parut étonné et choqué. » Pouvait-il ne pas l'être à cause de la mémoire de son ami ? Au surplus, il offrit à M. de Corancez de lui montrer le corps de Jean-Jacques ; s'il eût voulu le voir, ses doutes se seraient dissipés. Pourquoi s'y est-il refusé ? pourquoi a-t-il accordé plus de confiance à un propos répété par un maître de poste, qu'aux paroles de mon père ? pourquoi ? c'est qu'il était peut-être encore piqué de ce que Rousseau n'était point allé habiter à Sceaux l'appartement que M. de Corancez lui avait proposé, et qu'il avait d'abord accepté. Il veut faire entendre que Rousseau éprouva des regrets tellement vifs d'avoir accordé la préférence à Ermenonville, qu'un jeune chevalier de Malte, nommé Flamanville, que M. de Corancez rencontra par hasard à l'Opéra, lui dit : « J'ai « vu Rousseau depuis qu'il est établi à Ermenon- « ville ; il m'a remis un papier écrit de sa main, « pour me prier de lui trouver un asile dans un « hôpital. » — Où est ce papier ? M. de Corancez n'avance pas qu'il l'ait lu ; l'on peut donc douter de son existence. Rousseau n'en était pas réduit à ce point d'avoir besoin, pour vivre, de recourir à la charité publique. Son goût pour l'indépendance était tellement connu, que l'on se persuadera difficilement qu'il eût voulu, sans y être contraint par la nécessité, se soumettre à la discipline ou plutôt à la règle d'un hôpital. — Tous les raisonnements de M. de Corancez sont donc appuyés sur un propos répété par un maître de poste, sur un prétendu papier remis à l'Opéra par Rousseau à un chevalier de Malte, pour l'inviter à lui trouver un asile dans un hospice.

C'est avec de semblables conjectures que vous entreprenez de détruire des faits incontestables? Je le répète encore, pourquoi M. de Corancez n'a-t-il pas consenti à voir Rousseau après sa mort? Mais si M. de Corancez ne l'a pas vu, presque tous les habitants du village d'Ermenonville sont venus le contempler, après qu'il eut rendu le dernier soupir; ils ont été frappés de la sérénité de son visage, et ont remarqué que ses traits n'étaient point altérés.

Au moment où Rousseau est mort, Thérèse Levasseur était seule avec lui; elle était enfermée dans sa chambre. Pour que le suicide eût eu lieu, il eût fallu qu'elle en eût été complice; sans cette supposition le pistolet eût révélé la cause de la mort: l'on sait que Rousseau n'avait pas d'armes, l'on croit même que l'usage lui en était totalement étranger. Il aurait donc été obligé de se procurer des pistolets? L'on n'en vend pas dans un village. Il eût fallu les demander à Paris, ou les faire venir d'une ville voisine. C'est une commission dont quelqu'un aurait été chargé; on l'aurait dit, on l'aurait su. Il fallait nécessairement, pour se tuer en présence de Thérèse Levasseur, que Rousseau la mît dans la confidence. Croit-on qu'elle ait pu consentir à l'aider dans une aussi fatale résolution? Ne sait-on pas qu'en perdant Jean-Jacques elle faisait une perte irréparable; elle n'était donc pas complice..

L'explosion d'ailleurs produite par un coup de

pistolet dans une chambre fermée se serait entendue. L'appartement de Rousseau n'était pas isolé. Le concierge du château logeait au-dessous; la fenêtre en donne sur une rue du village très-passagère. Lorsque Rousseau est tombé et qu'il s'est fait une blessure à la tête, dont nous parlerons bientôt, il était dix heures du matin. Après cette chute, Thérèse Levasseur le voyant sans connaissance, pousse des cris affreux, appelle du secours; on arrive. M. de Girardin et ses gens se précipitent dans la chambre; on relève Jean-Jacques, on le porte sur son lit. S'il s'était tué d'un coup de pistolet, l'arme n'aurait-elle pas frappé tous les regards? Le crâne n'eût-il pas été fracassé? La nouvelle que Rousseau s'était brûlé la cervelle n'aurait-elle pas circulé sur-le-champ? n'aurait-elle pas été répétée par tous les hommes, par toutes les femmes du village, par tous les domestiques de la maison de mon père? Il n'en a pas été question un seul instant à Ermenonville. — Mais cela ne prouve rien, me direz-vous, puisqu'elle a été répandue à Louvres, qui en est à quatre grandes lieues, par le maître de poste de ce bourg.

M. de Girardin, auquel vous supposez, l'on ne peut concevoir pourquoi, l'envie de dérober au public la connaissance de ce suicide, s'y serait pris pour y parvenir, vous l'avouerez, d'une manière bien extraordinaire. Il aurait dit à M. de Corancez, le premier qui lui en ait parlé : « Voyez le corps, « visitez-le, et vous acquerrez la preuve que Rous- « seau ne s'est pas tué. »

M. de Girardin voulant transmettre à la postérité les traits fidèles d'un homme de génie, l'honneur et la gloire de son siècle, envoie un courrier à Paris pour inviter le célèbre sculpteur Houdon à se rendre sur-le-champ à Ermenonville pour y mouler Rousseau. Houdon arrive; il amène avec lui des Italiens habitués à couler des plâtres. M. de Girardin veut connaître, et il veut que l'on connaisse la cause de la mort subite de Rousseau; il fait venir des chirurgiens des villes voisines pour la constater. Son corps est ouvert, la cause de la mort est reconnue, et le procès-verbal d'ouverture dressé par des gens de l'art est signé par eux.

Maintenant, monsieur, dites-moi si c'est ainsi que l'on s'y prend pour cacher un suicide? Voyez combien de gens il aurait fallu mettre dans la confidence; et croyez-vous qu'un secret confié à tant de personnes eût été un secret bien gardé? D'ailleurs, monsieur, faites cette seule réflexion : si Rousseau s'était tué d'un coup de pistolet, la cause de sa mort aurait été bien connue, et l'on n'aurait pas eu besoin, pour la découvrir, de faire faire l'ouverture de son corps. Si Rousseau s'était tué d'un coup de pistolet, l'on n'eût point fait venir M. Houdon pour le mouler. Un coup de pistolet *tiré à bout portant* dans la tête, fait sauter la cervelle, inonde le visage de sang et en décompose tous les traits : une balle à une aussi petite distance ne se borne pas, comme vous le supposez, à faire un trou comme elle le ferait dans une planche de sapin ou dans une feuille de carton; elle fracasse les os du crâne. Tous les artistes vous diront qu'il devient dès-lors impossible de mouler la tête d'un homme qui s'est brûlé la cervelle : or, voyez le moule pris par M. Houdon, vous y trouverez des traits parfaitement conservés, et aucune trace des ravages qu'une balle de pistolet n'aurait pas manqué de faire.

Les chirurgiens, dites-vous encore, n'ont pas parlé de ce trou, de cette blessure à la tête; donc ils ont voulu la dissimuler. Vous êtes dans l'erreur; il en est fait mention dans leur procès verbal; mais ils n'ont pas insisté sur une blessure dont ils connaissaient la cause; ils savaient qu'elle n'avait pu être celle de la mort de Jean-Jacques, et qu'elle était la suite toute naturelle de sa chute.

Il faut, du moins je le pense, d'après ce que je viens d'établir, renoncer tout-à-fait à l'idée que Jean-Jacques s'est tué d'un coup de pistolet. Cette version a paru tellement fabuleuse à madame de Staël, qu'elle n'a pas même essayé de l'accréditer dans ses lettres sur Rousseau, tout en disant néanmoins « qu'elle regarde comme certain que Jean-« Jacques s'est donné la mort. Cette certitude au « surplus lui vient de ce qu'un Génevois lui a mon-« tré une lettre que Jean-Jacques lui écrivit quel-« que temps avant sa mort, et dans laquelle il « semblait lui annoncer ce dessein. »

Ce Génevois était vraisemblablement M. de Corancez, car il est le seul Génevois qui ait vécu avec Rousseau dans l'intimité, pendant les dernières années de sa vie.

L'on est étonné de ce que M. de Corancez n'ait point fait imprimer la lettre dont parle madame de Staël, lui qui paraissait attacher tant de prix à accréditer l'opinion que Jean-Jacques s'était suicidé. Il n'a pas manqué sans doute de parler à madame de Staël du propos du maître de poste de Louvres, et de lui dire que le jour de sa mort Rousseau était allé herboriser; qu'il avait cueilli des plantes; qu'il les avait préparées et infusées dans la tasse de café qu'il avait prise.

M. de Corancez, persuadé que Rousseau s'était tué, et madame de Staël, très-disposée à le croire, ont discuté sans doute sur le genre de sa mort. Le coup de pistolet a paru à cette dernière une absurdité ; elle aura forcé M. de Corancez d'en convenir. Alors elle se sera emparée de la tasse de café, et elle aura tout naturellement placé dans cette tasse le poison qui aurait servi à abréger les jours de Rousseau.

J'avoue que cette seconde opinion ne peut être écartée par des raisonnements aussi victorieux que ceux que je viens d'employer. J'espère néanmoins parvenir à démontrer qu'elle n'est pas mieux fondée que la première; elle a déjà été combattue par une de mes sœurs; et c'est dans sa lettre à madame de Staël que je puiserai mes plus forts arguments [1].

Madame de Staël, persuadée ou voulant l'être que Jean-Jacques s'était donné la mort, a dû vouloir en découvrir le motif; elle ne pouvait le trouver dans le genre de vie qu'il menait à Ermenon-

[1] Voir les pièces justificatives à la fin de cette lettre.

ville ; elle n'aurait pu effectivement considérer Jean-Jacques comme fort à plaindre d'y faire tout ce qui pouvait lui convenir ; d'herboriser, de composer des romances, ou de déposer sur des cartes les pensées qui se pressaient dans sa tête pendant ses longues promenades dans des lieux solitaires. Elle a donc dû en imaginer un autre ; elle l'a puisé dans cette supposition que « Rousseau s'était aperçu « des viles inclinations de sa femme pour un homme « de l'état le plus bas. Le voilà tout accablé de cette « découverte, dit madame de Staël ; et elle ajoute « qu'il est resté huit heures de suite sur le bord de « l'eau dans une méditation profonde. »

Un roman tout entier, développé en une seule phrase, a dû sourire à l'imagination de madame de Staël. Mais comme l'illusion qu'elle nourrissait avec complaisance se serait dissipée successivement si elle eût voulu commencer par s'avouer que Rousseau avait alors soixante-six ans, sa femme plus de soixante, et l'homme de l'état le plus bas, pour lequel on lui supposait de viles inclinations, cinquante et tant ; lorsqu'il faut placer l'amour et la jalousie dans un pareil cadre, l'on voit qu'il ne peut nullement leur convenir. Ces réflexions n'ont pas été faites sans doute par madame de Staël ; elles eussent été plus que suffisantes pour lui faire sentir combien était ridicule le motif qu'elle s'efforçait de donner à la mort de Rousseau.

Je dois dire maintenant ce qui est vrai : c'est que Jean-Jacques n'a pu s'apercevoir peu de jours avant sa fin *des viles inclinations de sa femme pour un homme de l'état le plus bas*, puisque ces inclinations n'existaient pas encore, et que ce n'est que plusieurs mois après le décès de Rousseau qu'elle a fait connaissance avec cet homme que madame de Staël veut désigner, et qui, de palefrenier, était devenu valet de chambre de mon père.

Voilà donc la cause principale à laquelle madame de Staël attribue le suicide de Rousseau entièrement détruite. Maintenant examinons les autres.

Madame de Staël prétend avoir su que le matin du jour où Rousseau mourut, il se leva en parfaite santé. Non; il se plaignit d'avoir été indisposé pendant toute la nuit. « Il prit avant de sortir, dit « madame de Staël, du café qu'il fit lui-même. » Il ne sortit pas. Voilà du moins ce qu'affirme Thérèse Levasseur, dans une lettre de reproches très-fondés, selon nous, qu'elle écrivit à M. de Corancez, pour se plaindre de ce qu'il s'était permis d'avancer que Rousseau s'était tué d'un coup de pistolet. Elle atteste à ses concitoyens, elle atteste à la postérité, que Rousseau ne s'est point empoisonné dans une tasse de café, et qu'il ne s'est pas brûlé la cervelle. Qu'importe, direz-vous, la dénégation de Thérèse Levasseur? Elle importe beaucoup; elle a du poids, et elle en acquiert surtout par la réunion de circonstances qui tendent à en démontrer la véracité : dès-lors elle nous paraît devoir être considérée comme décisive.

J'accorderai, si l'on veut, que Rousseau a pris une tasse de café le jour de sa mort. Mais où est la preuve que ce café contînt du poison? Toutes celles du contraire vont être successivement produites. Ce café, suivant madame de Staël, il l'aurait pris en se levant. Supposons qu'il eût été alors sept ou huit heures du matin, c'est à dix heures qu'il est mort. Combien aurait donc été violent un pareil poison! quel ravage il aurait fait! Les traces en eussent été bien visibles à l'extérieur; il eût altéré sensiblement les traits de la figure; il eût accéléré la putréfaction. M. Houdon, en moulant la tête de Jean-Jacques, se serait facilement aperçu de la cause de sa mort; mais s'il ne l'eût pas découverte, elle n'aurait pu échapper aux chirurgiens qui firent l'ouverture de son corps; beaucoup de personnes en ont été les témoins; elle n'a point eu lieu pour cacher la cause de sa mort, mais au contraire pour la découvrir et la faire connaître au public; M. de Girardin, qui a voulu que cette ouverture eût lieu parce que Jean-Jacques l'avait demandée, ne la fit faire sans doute que pour constater le principe de la mort de Rousseau. Elle a été subite, conséquemment extraordinaire; dès-lors, il fallait en rechercher les sources; elles ont été trouvées, elles étaient naturelles. Le procès verbal des chirurgiens détruit toutes les suppositions de M. de Corancez et de madame de Staël. Si l'on a cru, si l'on croit encore, d'après le témoignage de ces deux écrivains, que Rousseau se soit donné volontairement la mort, l'on croit une chose qui n'est pas, une chose démentie par des preuves légales, et je puis ajouter aussi, par des preuves morales. Personne à Ermenonville, absolument personne, ne pense que Jean-

Jacques se soit suicidé. Il existe encore dans ce village plusieurs individus qui le virent après sa mort, qui assistèrent à l'ouverture de son corps. Interrogez-les, comme je l'ai fait, ils vous diront, comme l'a dit Thérèse Levasseur : *Rousseau ne s'est point empoisonné dans une tasse de café; il ne s'est pas brûlé la cervelle.*

Pourquoi se serait-il suicidé? quel motif aurait pu le porter à cet acte de désespoir? Celui supposé par madame de Staël, et sur lequel vous insistez dans plusieurs de vos notes, n'existait pas; je l'ai démontré, et ma sœur l'avait déjà fait avant moi. Le séjour d'Ermenonville ne lui était pas devenu insupportable à ce point de vouloir se donner la mort, comme un moyen d'en sortir; il paraissait au contraire s'y plaire, et s'y plaire beaucoup; il aimait mon père, qui était un homme instruit et spirituel; sa conversation l'intéressait, il la recherchait; il aimait toute notre famille, il dînait souvent avec elle; et, lorsqu'elle était seule, c'était au milieu d'elle qu'il passait ses soirées à faire ou à entendre de la musique. Il avait pris un attachement extrêmement vif pour un de mes frères qui l'accompagnait dans toutes ses promenades. Un jour l'on ne voulut pas lui permettre de l'emmener, pour le punir d'une faute qu'il avait faite. « Ce « n'est pas lui, dit-il, que l'on punit, c'est moi. »

Jean-Jacques avait entrepris *la Flore d'Ermenonville;* il y travaillait avec zèle. Il faisait, dans les beaux jours d'été, une abondante récolte de plantes et de fleurs. « Je les classerai et les arrangerai, di-

« sait-il, dans les longues soirées d'hiver ; ce sera une « occupation. » L'on sait le soin que Jean-Jacques mettait dans l'arrangement de son herbier, et combien cela lui prenait de temps. Il avait aussi jeté des notes sur des cartes, écrit des pensées détachées ; c'était encore pendant l'hiver qu'il se proposait de perfectionner et de lier ce travail. Jean-Jacques non-seulement jouissait ici du présent, mais il s'y occupait encore de l'avenir. Rien n'annonçait, rien n'a pu faire croire qu'il ait été malheureux à Ermenonville, et jamais on ne l'aurait soupçonné, sans ce prétendu billet que M. Flamanville assure qu'il lui a remis pour le prier de vouloir bien le faire entrer dans un hôpital. Une semblable recommandation, ce me semble, n'a pas besoin d'être écrite pour que l'on s'en souvienne. Il est des choses qui ne peuvent être oubliées, et la demande de Rousseau à M. Flamanville me paraît devoir être de ce nombre. Je me permettrai donc de douter qu'elle ait été faite jusqu'au moment où l'on produira le billet que l'on assure avoir été écrit par Rousseau.

L'Histoire de la vie et des ouvrages de Jean-Jacques, que vous venez de faire imprimer, est un sûr garant de la profonde admiration que vous nourrissez pour cet homme supérieur. Comment se fait-il donc, monsieur, que vous qui le justifiez si bien des torts qui lui sont reprochés et des contradictions qui lui sont imputées, vous vous joigniez à ceux qui l'accusent de s'être ôté la vie ? Comment n'avez-vous pas senti que ce pouvait être aussi un moyen inventé pour le mettre en contradiction avec lui-même? L'on se demande effectivement pourquoi l'auteur de la belle lettre de lord Édouard contre le suicide, se serait-il donné la mort; comment aurait-il pu employer cette étrange réfutation de ses propres arguments? Ces arguments, qui paraissent être invincibles, ne l'auraient donc pas été pour lui?

Quiconque s'est bien pénétré de la lettre sublime que je viens de citer, ne croira pas à la mort volontaire de Rousseau. Comment se fait-il donc, monsieur, que vous paraissiez y croire, vous qui rapportez dans le premier volume de votre estimable ouvrage les plus beaux passages de la lettre de lord Édouard? *Les malheureux n'avaient-ils plus besoin de lui, ne leur devait-il rien?*

Vous assurez, et je ne sais sur quoi vous vous appuyez pour justifier cette assertion, que Jean-Jacques ne pouvait plus se dire à lui-même : *Que je fasse encore une bonne action avant que de mourir;* « qu'il ne pouvait aller chercher quelque indigent « à secourir, quelque infortuné à consoler, quel- « que opprimé à défendre; qu'il n'avait pas d'ami « puissant dont il pût rapprocher les malheureux. » Après cette citation, vous ajoutez : « Jean-Jacques « crut donc pouvoir cesser de vivre. » Cette citation, vous ne l'eussiez pas faite, ces lignes, vous ne les eussiez pas écrites, si vous étiez venu passer quelques instants à Ermenonville, et y prendre des renseignements sur le genre de vie qu'y menait Jean-Jacques; vous eussiez su qu'il ne s'écoulait pas un seul jour sans qu'il ne secourût la misère par l'aumône. Cette aumône, il l'offrait aux pauvres des environs comme à ceux du village; il donnait des avis à l'enfance, des conseils aux mères de famille, des secours aux malades; il obtenait la remise des peines sévères qui se prononçaient fréquemment alors pour de légers délits, par les justices seigneuriales; il s'occupait avec ma mère des moyens de soulager l'infortune, il lui indiquait les indigents qui avaient besoin de linge et de vêtements. Les leur faire avoir, n'était-ce pas les leur donner?

Il ne se passait pas, comme vous le voyez, un seul jour où Rousseau ne fît une bonne, et même plusieurs bonnes actions. Voulait-on obtenir des charités de ma mère, des faveurs de mon père, c'était toujours à Jean-Jacques que l'on s'adressait; il n'a jamais laissé échapper une occasion d'être utile à ses semblables. Aussi était-il vénéré, chéri, non-seulement à Ermenonville, mais dans tous les environs. Les habitants de ces mêmes environs se rendirent à Ermenonville le jour où ses dépouilles mortelles furent déposées dans l'île des peupliers; ils couvraient les coteaux qui environnent le lac. La lune dans tout son éclat étendait sa lumière pâle et douce sur cette scène de douleur. Il faisait le plus beau temps du monde, et cependant la nature était triste; elle paraissait sentir toute l'étendue de la perte qu'elle venait de faire. Les spectateurs de cette lugubre et touchante cérémonie étaient nombreux; ils conservèrent un silence religieux. Ce silence n'était interrompu que par des sanglots et par ces paroles : « Ce bon monsieur « Rousseau ! il était bien le meilleur homme du « monde ! Les malheureux ont perdu leur père ! » Parmi cette foule d'individus qu'un sentiment de reconnaissance avait amenés, beaucoup sans doute n'avaient pas été à portée d'admirer Jean-Jacques comme écrivain, mais tous avaient pu connaître son cœur et en faire l'éloge. Vous n'eussiez pas trouvé à Ermenonville, et dans les villages voisins, un seul habitant qui eût dit que Jean-Jacques s'était ôté la vie. C'est que personne n'aurait pu lui dire, *Meurs, tu n'es qu'un méchant!*

Non, monsieur; Jean-Jacques ne s'est pas donné la mort, vous pouvez en être certain, malgré tout ce que M. de Corancez et madame de Staël ont pu écrire à ce sujet. Je veux croire qu'ils en étaient persuadés, mais je puis vous assurer qu'ils n'ont fait aucun prosélyte parmi les nombreux témoins des derniers moments de Jean-Jacques [1].

[1] La mort de Voltaire avait vivement affecté J. J. Rousseau. Comme on lui en témoignait quelque surprise à cause de leur inimitié, « C'est, répondit-il, que je sens que mon existence était attachée à la sienne : il est mort, je ne tarderai pas à le suivre !... »

PIÈCES JUSTIFICATIVES.

LETTRE

DE MADAME LA COMTESSE ALEXANDRE DE VASSY, A MADAME LA BARONNE DE STAËL, SUR LE LIVRE INTITULÉ : LETTRES SUR LES OUVRAGES ET LE CARACTÈRE DE J. J. ROUSSEAU.

Rousseau, en mourant, a laissé, madame, à ceux qui l'entouraient le souvenir de ses vertus et l'amour de sa gloire : voilà mes titres pour vous parler des lettres que vous avez écrites sur lui ; cet ouvrage, fait pour être distingué, excitera vivement la curiosité du public et la satisfera. Malheur à celui qui, après la lecture de ce livre, n'éprouvera pas pour l'auteur le sentiment dont vous êtes pénétrée pour Rousseau. Mais, madame, on vous a trompée en vous disant *qu'il s'est donné la mort;* et cette erreur que vous accréditez peut avoir des conséquences si dangereuses par leur effet, si fâcheuses pour la mémoire de Rousseau, que je crois remplir un devoir sacré en me hâtant de la détruire. Un homme tel que lui appartient à l'univers, ses préceptes persuadent, ses exemples entraînent.

La mort de Rousseau est si touchante, si belle, si sublime, c'est une si grande leçon qu'un grand homme aux prises avec la douleur, recevant avec reconnaissance les soins qu'on lui rend, et voyant arriver sans effroi le moment prescrit pour sa destruction : cet exemple est si frappant pour moi, qui en ai été presque témoin, que je ne puis voir sans douleur accuser Rousseau d'une action qui était loin de son cœur, et en contradiction avec ses principes.

Non, madame, Rousseau n'a point terminé volontairement sa vie ; le détail que vous rapportez des circonstances qui précédèrent ses derniers moments n'est point exact ; Rousseau ne pouvait être instruit de l'infidélité de sa femme, ou du moins de la personne à laquelle il avait accordé la grace d'en porter le nom ; puisque ce n'est que plus d'un an après la mort de Rousseau qu'elle a eu des torts assez graves pour ne pouvoir plus rester à Ermenonville.

Les preuves que je m'offre à vous donner, madame, sont la copie du procès verbal fait par les chirurgiens, le témoignage de mon père, celui de M. Le Bègue de Presle, ami intime de Rousseau, et qui était à Ermenonville à cette fatale époque ; enfin une relation qui contient les détails les plus circonstanciés de ce malheureux événement.

Votre attachement pour la mémoire de Rousseau vous rend digne d'entendre la vérité ; le mien m'impose la loi de la dire. Je ne vous demande donc point d'excuses pour une lettre que son motif justifie

J'ai l'honneur d'être, madame, votre très-humble, très-obéissante servante,

DE GIRARDIN, comtesse Alexandre DE VASSY.

COPIE LITTÉRALE

DU PROCÈS VERBAL DRESSÉ PAR LES CHIRURGIENS, APRÈS LA MORT DE ROUSSEAU.

Extrait des minutes du greffe du bailliage et vicomté d'Ermenonville.

L'an mil sept cent-soixante dix-huit, le vendredi trois juillet, heure de relevée;

Nous *Louis Blondel,* lieutenant du bailliage et vicomté d'Ermenonville, sur le réquisitoire du procureur fiscal de ce bailliage, à nous judiciairement fait, à l'instant qu'il a appris que le jour d'hier, environ les dix heures du matin, monsieur J. J. Rousseau, citoyen de Genève, âgé d'environ soixante-huit ans, demeurant en ce lieu d'Ermenonville depuis environ six semaines, avec demoiselle Thérèse Levasseur son épouse, est tombé dans une apoplexie céreuse; qu'il a été gardé exactement jusqu'à ce jour et heure, et que malgré ces soins et les secours qu'on lui a procurés, il est mort réellement: que, comme cette mort est surprenante, il requiert qu'il nous plaise nous transporter, assisté de lui procureur fiscal, et de Jean Landru, sergent en cette jurisdiction, en la demeure dudit sieur Rousseau, étant dans un appartement au second, dans un pavillon du château, en entrant à main droite, pour y constater, autant qu'il sera possible, le genre de mort dudit sieur Rousseau; à l'effet de quoi il fit comparoir devant nous les personnes des sieurs Gilles-Casimir

Chenu, maître chirurgien demeurant en ce lieu, et Simon Bouvet, maître chirurgien demeurant à Montagny. En conséquence dudit réquisitoire, sommes transportés en la demeure dudit sieur Rousseau, accompagnés dudit procureur fiscal, dudit Landru, sergent, desdits sieurs Chenu et Bouvet; où étant avons trouvé ladite dame veuve Rousseau, et laquelle nous a montré le corps mort dudit sieur son mari; après quoi nous avons desdits sieurs Chenu et Bouvet pris et reçu le serment au cas requis et accoutumé, sous lequel ils ont juré et promis de bien et fidèlement se comporter en la visite dont il s'agit. Ce fait, lesdits sieurs Chenu et Bouvet, experts que nous nommons de notre office, ont à l'instant fait la visite du corps dudit sieur Rousseau; et après l'avoir vu et examiné dans toutes les parties de son corps, nous ont tous deux rapporté d'une commune voix que ledit sieur Rousseau est mort d'une apoplexie céreuse; ce qu'ils ont affirmé véritable, et déclaré en leur ame et conscience.

Dont, et de tout ce que dessus, nous avons fait et dressé le présent procès verbal, pour servir et valoir ce que de raison; et ont, ledit procureur fiscal, ledit Landru, lesdits sieurs Chenu et Bouvet, signé avec nous et notre greffier. Ainsi signé à la minute, G. Bimont, Landru, Chenu, Simon Bouvet, N. Harlet, et Blondel, avec paraphe.

RAPPORT

DE M. CASTERÈS, CHIRURGIEN A SENLIS, DE L'OUVERTURE DU CORPS DE JEAN-JACQUES.

Je soussigné... Casterès, lieutenant de M. le premier chirurgien à Senlis, ayant été appelé au château d'Ermenonville, ce jourd'hui trois juillet mil sept cent-soixante dix-huit, et requis de faire l'ouverture du corps de M. J. J. Rousseau, de Genève, décédé le jour précédent, audit lieu, vers onze heures du matin, après environ une heure de douleurs de dos, de poitrine et de tête; lequel avait recommandé, tant dans cette attaque que dans une précédente maladie, qu'on ouvrît son corps après sa mort pour découvrir, s'il était possible, les causes de plusieurs maux et incommodités auxquels il avait été sujet en différents temps de sa vie, et dont on n'avait pas pu assurer alors le siége ni la nature. J'ai, ledit jour, à six heures du soir, procédé à ladite ouverture et recherche, avec l'aide de mes confrères soussignés, Gilles-Casimir Chenu, chirurgien à Ermenonville, et Simon Bouvet, chirurgien à Montagny, et en présence de MM. Achille-Guillaume Le Bègue de Presle, écuyer, médecin de la Faculté de Paris, et censeur royal, et Bruslé de Villeron, médecin à Senlis. L'examen des parties externes du corps nous a fait voir un bandage qui indiquait que M. Rousseau avait deux hernies inguinales, peu considérables, dont nous parlerons ci-après. Tout le reste du corps ne présentait rien

contre nature; ni taches, ni boutons, ni dartres, ni blessures, si ce n'est une légère déchirure au front, occasionée par la chute du défunt sur le carreau de sa chambre, au moment où il fut frappé de mort. L'ouverture de la poitrine nous en a fait voir les parties internes très-saines. Le volume, la consistance et la couleur, tant de leur surface que de l'intérieur, étaient très-naturels.

En procédant à l'examen des parties internes du bas-ventre, nous avons cherché avec attention à découvrir la cause des douleurs de reins et difficultés d'uriner qu'on nous a dit que M. Rousseau avait éprouvées en différents temps de sa vie, et qui se renouvelaient quelquefois lorsqu'il était long-temps dans une voiture rude. Mais nous n'avons pu trouver ni dans les reins, ni dans la vessie, les uretères et l'urètre, non plus que dans les organes et canaux séminaux, aucune partie, aucun point qui fût maladif ou contre nature. Le volume, la capacité, la consistance, la couleur de toutes les parties internes du bas-ventre étaient parfaitement saines, et n'avaient point la mauvaise odeur qu'elles exhalent d'ordinaire dans un temps aussi chaud, au bout de plus de trente heures de mort. L'estomac ne contenait que le café au lait que M. Rousseau avait pris, suivant sa coutume, pour son déjeuner, vers sept heures, avec sa femme. Les portions des intestins qui avaient formé les hernies ne portaient aucun signe qu'il y eût eu ni inflammation ni étranglement.

Ainsi, il y a lieu de croire que les douleurs dans

la région de la vessie, et les difficultés d'uriner que M. Rousseau avait éprouvées en différents temps, surtout durant la première moitié de sa vie, venaient d'un état spasmodique des parties voisines du col de la vessie, ou du col même, ou d'une augmentation de volume de la prostase; maux qui se sont dissipés en même temps que le corps se sera affaibli et maigri en vieillissant.

Quant aux coliques auxquelles M. Rousseau a été sujet depuis environ l'âge de cinquante ans, et qui n'étaient ni fort longues, ni très-vives, elles dépendaient, selon toute apparence, des hernies inguinales.

L'ouverture de la tête, et l'examen des parties renfermées dans le crâne, nous ont fait voir une quantité très-considérable (plus de huit pouces) de sérosité épanchée entre la substance du cerveau et les membranes qui la recouvrent.

Ne peut-on pas, avec beaucoup de vraisemblance, attribuer la mort de M. Rousseau à la pression de cette sérosité, à son infiltration dans les enveloppes, ou à la substance de tout le système nerveux? Du moins il est certain que l'on n'a point trouvé d'autre cause apparente de mort dans le cadavre d'un grand nombre de sujets péris aussi promptement. Ce qui tend à prouver que la cause de mort a attaqué l'origine des nerfs, ou les parties principales du système nerveux, c'est que M. Rousseau ne s'est plaint, durant la dernière heure de sa vie, que d'un fourmillement et picotement très-incommode à la plante des pieds; ensuite d'une sensation de froid, et d'écoulement de liqueur froide, le long de l'épine du dos, puis de douleurs vives à la poitrine; enfin de douleurs vives, lancinantes et déchirantes, dans l'intérieur de la tête.

Ce 3 juillet, mil sept cent-soixante-dix-huit. Signé à la minute: LE BÈGUE DE PRESLE, CASTERÈS, lieutenant; BRUSLÉ DE VILLERON, d. m.

Plus bas est écrit: Contrôlé à Dammartin, ce deux janvier 1779, par Ganneron, qui a reçu quatorze sols. *Signé* GANNERON, avec paraphe.

PROCÈS VERBAL

DE L'INHUMATION DU CORPS DE J. J. ROUSSEAU.

Le samedi suivant, 4 dudit mois et an, le corps de J. J. Rousseau, embaumé, et enfermé dans un cercueil de plomb, a été inhumé, à onze heures du soir, en ce lieu d'Ermenonville, dans l'enceinte du parc, sur l'île des Peupliers, au mileu de la pièce d'eau appelée le petit Lac, et située au midi du château, sous une tombe décorée et élevée d'environ six pieds.

Les honneurs funèbres lui ont été rendus par René-Louis de Girardin, chevalier vicomte d'Ermenonville, mestre-de-camp de dragons, chevalier de l'ordre royal et militaire de Saint-Louis, dans le château duquel l'amitié l'avait conduit et fait établir sa demeure; et en présence des amis du défunt, qui ont signé le présent acte d'inhumation. Savoir: ACHILLE-GUILLAUME LE BÈGUE DE PRESLE, écuyer, docteur en médecine, censeur royal; JEAN ROMILLY, citoyen de Genève; GUILLAUME-OLIVIER

DE CORANCEZ, avocat au parlement, et GERMAIN BIMOND, procureur-fiscal. Signé à la minute, R. L. GIRARDIN, OLIVIER DE CORANCEZ, ROMILLY, LE BÈGUE DE PRESLE, G. BIMOND, et N. HARLET, greffier.

ACTE DE DÉPOT

DU RAPPORT DE M. CASTERÈS, LIEUTENANT DU PREMIER CHIRURGIEN DE SENLIS.

Aujourd'hui, deux janvier mil sept cent-soixante dix-neuf, dix heures du matin, pardevant nous Louis Blondel, lieutenant du bailliage et vicomté d'Ermenonville :

Est comparu le procureur-fiscal de ce bailliage et vicomté d'Ermenonville, lequel a apporté, mis et déposé ès-mains de notre greffier, un procès verbal fait le trois juillet mil sept cent-soixante-dix-huit, contrôlé à Dammartin, cejourd'hui, par Ganneron, par le sieur Casterès, lieutenant de M. le premier chirurgien à Senlis, et en présence de maître Achille-Guillaume Le Bègue de Presle, écuyer-médecin de la Faculté de Paris, et censeur royal, et de maître Bruslé de Villeron, médecin audit Senlis, de l'ouverture du corps de M. J. J. Rousseau, citoyen de Genève, décédé en ce lieu d'Ermenonville, le deux juillet dernier, pour être joint et annexé au procès verbal qui constate le genre de mort dudit sieur Rousseau, du trois dudit mois de juillet dernier, et servir et valoir ce que de raison; ledit procès verbal étant sur une feuille de papier à lettre, écrit sur trois pages, et sept lignes et demie sur la quatrième: la première page commençant par le mot « Je soussigné » et finissant par les mots « frappé de mort ; » et la quatrième commençant par le mot « l'origine » et finissant par la date « ce trois juillet mil sept cent soixante-dix-huit. »

Signé au bas dudit acte de dépôt : LE BÈGUE DE PRESLE, CASTERÈS, lieutenant, et BRUSLÉ DE VILLERON, d. m.

Et a en outre, ledit procureur-fiscal et notre greffier, signé avec nous. Ainsi signé à la minute : G. BIMONT, N. HARLET, et BLONDEL, avec paraphe.

Fait, expédié et délivré par moi greffier du bailliage et vicomté d'Ermenonville, soussigné, et conforme à la minute, ce deux janvier mil sept cent-soixante-dix-neuf. *Signé* N. HARLET.

Scellé.

EXTRAIT

D'UNE NOTICE SUR LES DERNIERS JOURS DE J. J. ROUSSEAU, PAR SON AMI M. LE BÈGUE DE PRESLE, ET IMPRIMÉE A PARIS EN 1778.

« M. Rousseau, pendant son séjour à Ermenonville, passait une grande partie de la journée « à la recherche des plantes, et aux soins qu'elles « exigent pour être mises en herbier.

« Le 26 juin 1778, dit M. de Presle, il me demanda de lui envoyer des papiers pour continuer « son herbier, et de lui apporter dans le mois de « septembre, des livres de voyages pour amuser sa « femme et sa servante, pendant les longues soirées « d'hiver ; et de lui apporter aussi plusieurs ouvrages « de botanique sur les chiendents, les champignons

« et les mousses. Il m'annonça même qu'il pourrait « se remettre à quelques ouvrages commencés, tels « que l'opéra de *Daphnis* et de la suite d'*Émile.*

« Tous ces projets démontrent assez que M. Rous-« seau jouissait encore, dans les derniers jours de « juin, peu de temps avant sa mort, de la santé et « de la tranquillité nécessaires pour les former et « les goûter, et qu'il avait l'espérance de vivre en-« core quelques années dans sa retraite.

« Le suicide, ajoute M. de Presle, était contre « les principes de Rousseau, et je me suis assuré, « par l'examen le plus scrupuleux de toutes les cir-« constances qui ont accompagné, précédé ou suivi « sa mort, qu'elle a été naturelle et non provoquée. »

L'on trouve, dans une addition faite par M. Magellan, savant Portugais, à la notice de M. de Presle, le portrait suivant de Jean-Jacques, fait dans le mois de juin 1778 :

« Rousseau n'avait rien dans sa physionomie qui « l'annonçât, si ce n'est la vivacité de ses yeux. Son « air simple et modeste, sans afficher aucune pré-« tention, ni laisser échapper aucun signe de l'élé-« vation de son esprit, ne l'aurait jamais fait prendre « pour ce qu'il était. La tranquillité de son ame et « le contentement de son cœur se produisaient « sur son visage et dans ses discours; il entrait sans « difficulté dans les sujets et les propos les plus in-« différents de la conversation : lorsque l'on s'adres-« sait à lui, ou que son tour venait pour la soute-« nir, il s'exprimait avec une naïveté charmante « qui annonçait la candeur de son ame. Il avait ce-

« pendant de temps en temps des expressions qui « décelaient un Rousseau. C'était un laconisme éner- « gique et plein de sentiment. Il m'échappa de dire « devant lui, je ne sais à quel propos, que les « hommes étaient méchants. *Les hommes, oui*, ré- « pliqua M. Rousseau, *mais l'homme est bon.* »

LETTRE A SOPHIE, COMTESSE DE ***, PAR RENÉ GIRARDIN, SUR LES DERNIERS MOMENTS DE J. J. ROUSSEAU, DATÉE D'ERMENONVILLE, LE JUILLET 1778.

« La plus grande consolation, madame, de ceux « qui restent est de parler de ceux qui sont partis. « La seule manière de faire quelquefois illusion à « la douleur de leur perte, c'est de se retracer le « charme de leur existence ; c'est en quelque sorte « leur rendre la parole que de se rappeler leurs « discours ; c'est leur rendre le mouvement que de « se représenter leurs actions ; et c'est ainsi que le « sentiment est le feu créateur qui donne la vie « aux objets inanimés, et qui peut la rendre à la « mort même.

« Je crois, madame, vous avoir dit, dans ma der- « nière lettre, avec quel tendre épanchement de « cœur le plus sensible des hommes avait reçu la « proposition de se retirer à Ermenonville, et qu'il « s'y était rendu d'autant plus volontiers qu'il lui « avait été impossible de se méprendre sur le sen- « timent qui l'avait dicté. Nous partîmes donc sur- « le-champ pour lui faire arranger un petit appar- « tement, sous un toit de chaume, situé au milieu

« d'un ancien verger. Cette habitation champêtre « semblait lui appartenir de droit, puisqu'ayant été « entièrement disposée suivant la description de l'É-« lysée de Clarens, il en était le créateur ; mais, « quelque diligence qu'on pût apporter au petit « arrangement intérieur qui lui convenait, l'impa-« tience de son cœur fut encore plus prompte que « la main des ouvriers. Sa poitrine, oppressée de-« puis si long-temps, avait un si grand besoin de « respirer l'air pur de la campagne, que, peu de « jours après notre départ, il vint nous trouver « avec un de ses amis et des miens. Sitôt qu'il se vit « dans la forêt qui descend jusques au pied de la « maison, sa joie fut si grande qu'il ne fut plus pos-« sible à son ami de le retenir en voiture. « *Non*, « dit-il, *il y a si long-temps que je n'ai pu voir un* « *arbre qui ne fût couvert de fumée ou de poussière!* « *ceux-ci sont si frais! Laissez-moi m'en approcher* « *le plus que je pourrai; je voudrais n'en pas perdre* « *un seul.* » Il fit près d'une lieue à pied de cette « manière. Sitôt que je le vis arriver, je courus à « lui. « *Ah! monsieur,* s'écria-t-il en se jetant à mon « col, *il y a long-temps que mon cœur me faisait dé-* « *sirer de venir ici, et mes yeux me font désirer ac-* « *tuellement d'y rester toute ma vie.* » Et surtout, lui « dis-je, s'ils peuvent lire jusques dans le fond de « nos ames. Bientôt ma femme arriva, au milieu de « tous mes enfants; le sentiment les groupait au-« tour de cette douce et tendre mère d'une ma-« nière plus heureuse et plus touchante que n'au-« rait pu le faire le plus habile peintre : à cette

« vue il ne put retenir ses larmes. « *Ah! madame,* « dit-il, *que pourrais-je vous dire? vous voyez mes* « *larmes; ce sont les seules de joie que j'aie versées* « *depuis bien long-temps, et je sens qu'elles me rap-* « *pellent à la vie.* » Il avait laissé sa femme à Paris; « elle s'y était chargée de tous les soins du déména- « gement, afin de lui en épargner le tourment et « l'agitation; car plus il était capable de s'occuper « de grandes choses, moins il l'était de s'occuper « de petites. Il eût mille fois mieux gouverné un « grand royaume que ses propres affaires, et il eût « plus aisément dicté des lois à l'univers que des « clauses et des articles à un procureur ou à un no- « taire.

« En attendant que sa chaumière fût arrangée, il « se détermina à s'établir dans un petit pavillon « séparé du château par des arbres, et manda à sa « femme de venir le trouver le plus tôt qu'elle pour- « rait; car elle lui était devenue si nécessaire qu'il « n'aurait jamais pu en supporter la perte, et n'en « pouvait pas soutenir l'absence.

« Si vous eussiez vu la joie de cet homme si « tendre, lorsqu'il l'entendit arriver! Nous étions « à table, nous nous levâmes, afin qu'il pût se le- « ver lui-même en toute liberté : il courut au-de- « vant d'elle, et l'embrassa avec la plus grande ef- « fusion de tendresse et de larmes.

« Les sentiments de cet homme extraordinaire « étaient exaltés en tout point fort au-delà de ceux « des hommes ordinaires. Il aimait le genre humain « comme ses amis; ses amis comme sa femme; sa

« femme comme sa maîtresse. De sorte que, si le « moindre sentiment chez lui était un amour, il « n'est pas étonnant que le moindre soupçon de « haine ou de trahison fût pour lui le même sup- « plice que la jalousie pour un amant.

« Dès qu'il se vit en pleine possession de la li- « berté et de la campagne, après laquelle il sou- « pirait depuis si long-temps, sa passion pour la « contemplation de la nature se ralluma de telle « manière, qu'il s'y livra avec des transports qui « ressemblaient à de l'ivresse. Aussitôt que les pe- « tits oiseaux, qu'il attirait sur sa fenêtre avec un « soin paternel, venaient y saluer la naissance du « jour, il se levait pour aller faire sa prière au le- « ver du soleil. C'est à ce spectacle solennel, dont « les fumées épaisses de Paris l'avaient si long-temps « privé, qu'il allait tous les matins exalter son ame. « Il ramassait ensuite quelques plantes qu'il venait « soigneusement rapporter à ses chers oiseaux, qu'il « appelait ses musiciens, et venait déjeuner avec sa « femme : ensuite il repartait pour des prome- « nades plus éloignées. Ce qui l'enchantait le plus « était de pouvoir errer au gré de la nature, de sa « fantaisie, et quelquefois du hasard. Tantôt il se « promenait dans les plaines fertiles, tantôt dans « les prairies parées de mille fleurs, dont chacune « avait pour lui son mérite; tantôt il montait sur « les coteaux ou parcourait les pâturages ombragés « d'arbres fruitiers. Le plus souvent, et surtout dans « les ardeurs du jour, il s'enfonçait dans la profon- « deur de la forêt; d'autrefois il se promenait en

« rêvant sur le bord des eaux, ou bien gravissait « sur les montagnes couvertes de bois et qui do- « minent le village. Le pays le plus sauvage avait « pour lui des charmes d'autant plus intéressants « qu'il y retrouvait mieux la touche originale et « franche de la nature. Les rochers, les sapins, les « genévriers tortueux y rappelaient de plus près à « sa féconde imagination les situations *romantiques* « du pays bien-aimé de son enfance, et lui remet- « taient sous les yeux les heureux rivages de *Vevai*, « et les rochers amoureux de *Meillerie*. Un jour il « découvrit, dans un lieu que nous appelons *le mo-* « *nument des anciennes amours*, une cabane prati- « quée dans le roc, avec quelques inscriptions gra- « vées sur des rochers qui s'avancent jusque sur « le bord d'un lac dont la situation a quelque res- « semblance avec celle du lac de Genève; je vis « tout-à-coup ses yeux se mouiller de larmes, tant « son cœur éprouvait d'émotion en ce moment à « se retracer le souvenir des délices de son pays, et « le bonheur pur de sa jeunesse. Il fut long-temps « sans pouvoir retrouver de lui-même cet endroit, « parce qu'il l'avait bien plus senti que remarqué. « En général, il était toujours trop occupé de son- « ger à autre chose pour penser à son chemin; il « ne voyait que des fleurs, des bois, des prés et des « eaux, et oubliait tous les points de la boussole, « toutes les heures, et jusqu'à celle de son dîner. « Le plus souvent sa femme était obligée de le cher- « cher, de l'appeler de tous côtés; mais il prenait « tant de plaisir à s'égarer que c'eût été une véri-

« table cruauté de l'en priver à force de soins im-
« portuns. Tous les jours, après son dîner, il venait
« dans ce petit verger, semblable à celui de Clarens,
« au milieu duquel est la chaumière qu'on arran-
« geait pour lui. Là il s'asseyait sur un banc de
« mousse, pour y donner aux poissons et aux oi-
« seaux ce qu'il appelait *le dîner de ses hôtes.* La
« première fois qu'il entra avec moi dans ce ver-
« ger, et qu'il y vit des arbres antiques couverts de
« mousse et de lierre, et formant des guirlandes au-
« dessus des gazons, des fleurs et des eaux qui s'é-
« tendent sous ces ombrages rustiques : *Ah! quelle*
« *magie*, me dit-il, *dans tous ces vieux troncs en-*
« *tr'ouverts et bizarres que l'on ne manquerait pas*
« *d'abattre ailleurs ; et cependant comme cela parle*
« *au cœur, sans qu'on sache pourquoi! Ah! je le*
« *vois, et je le sens jusqu'au fond de mon ame, je*
« *trouve ici les jardins de ma Julie!* — Vous n'y se-
« rez pas, lui répondis-je, avec elle, ni avec Wol-
« mar, mais pour en être plus tranquille vous n'en
« serez pas moins heureux. Il me serra la main ;
« tout fut dit, tout fut entendu. Dès-lors il fut chez
« lui partout, et il y fut plus le maître que je ne l'é-
« tais chez moi ; car il pouvait être seul tant qu'il le
« voulait. Ce verger, où personne n'entrait que lui
« et nous, était notre point de réunion tous les
« jours après-dîner. Lorsqu'il m'était impossible de
« m'y rendre je lui envoyais le plus jeune de mes
« enfants, qu'il avait pris dans une grande affec-
« tion, et qu'il appelait son *gouverneur* : il allait
« alors se promener avec lui, lui faisait remarquer

« et lui apprenait à connaître tout ce qu'il voyait. « De son côté le petit bonhomme, plus souple et « plus alerte que lui, lui servait à ramasser toutes « les plantes qu'il avait envie de cueillir. Ordinai- « rement il venait nous retrouver le soir, lorsque « nous nous promenions sur l'eau, et il se plaisait « tellement à ramer, que nous l'appelions notre *ami-* « *ral d'eau douce*. Dans le calme de la soirée, où la « musique champêtre a tant de charmes, il aimait « à entendre, sous les arbres voisins des rivières, « le son de nos clarinettes. Cette mélodie, bien plus « touchante encore lorsqu'elle est placée sur le « théâtre même de la nature, lui rendit bientôt le « goût de la musique, à laquelle le tintamare actuelle- « ment à la mode l'avait fait renoncer. Déjà il avait « composé quelques airs pour nos petits concerts « de famille, et il avait repris la résolution d'ache- « ver cet hiver différents morceaux de sa musique : « musique charmante qui, dictée comme tous ses « autres ouvrages par le sentiment même, est en- « core plus faite pour le cœur que pour l'oreille, et « doit être chantée bien plus avec l'ame qu'avec la « voix. Ma fille aînée, qui jusque-là n'avait vu dans « la musique qu'un art difficile, hérissé de cro- « ches et de mots barbares, voyant, lorsqu'il chan- « tait la sienne sans voix et pourtant de la ma- « nière la plus touchante, que la musique pouvait « effectivement devenir d'autant plus intéressante « qu'on y mettait moins de mots et plus d'idées, « plus de goût et moins de bruit, parut désirer alors « d'apprendre à chanter; il s'offrit de lui-même pour

« lui enseigner son secret, qui consistait, disait-il, « à bien comprendre la langue de la musique, et « surtout à ne pas plus forcer sa voix en chantant « qu'en parlant, parce que le moyen le plus sûr « pour se faire écouter, c'est de parler bas et de « parler bien. Je ne reçus point d'abord cette offre, « dans la crainte de la peine que cela devait lui « donner; mais il insista de manière qu'il me devint « impossible de m'y opposer; *trop heureux*, s'é- « cria-t-il avec transport, *de trouver enfin une occa- « sion de témoigner sa reconnaissance.*

« Faire tous les jours à peu près la même chose, « ne mesurer le temps que par une succession « d'heures heureuses et non diversifiées, n'avoir « que des amusements doux, sans aucune de ces « secousses que donnent les grandes peines ou les « grands plaisirs, aurait pu paraître un genre de « vie trop monotone pour des cœurs vides et des « imaginations froides, incapables de sentir le vrai « bonheur; mais un solitaire tel que lui, dont le « cœur était en paix, l'ame pure; dont le mouve- « ment venait bien moins du dehors que du de- « dans; dont le repos ne consistait pas à ne rien « faire, mais à n'avoir rien à faire, il n'était besoin « que du moindre concours des beautés de la na- « ture pour exciter, exalter son génie, pour le « transporter sur les ailes de l'imagination au-delà « même de notre atmosphère, et lui faire trouver « dans la beauté de ce qu'il voyait la perfection de « ce qu'il imaginait. C'est parce qu'il écrivait de « grandes choses, qu'il lui fallait de grandes im-

« pressions. Tout concourait ici à exciter en lui le « besoin de se communiquer ses idées. S'il eût seu- « lement vécu dix ans de plus, l'univers eût sans « doute hérité d'une bien riche succession, mais « il n'aurait jamais rien publié de son vivant, car « il s'était fait, avec raison, un principe invariable « de ne plus se remettre sur la scène du monde; « et son désir était qu'on pût l'oublier et le laisser « en paix. C'était assurément un désir bien mo- « deste et bien simple; et cependant, par un effet « de cette cruelle fatalité qui s'attache à la célé- « brité, ou plutôt par une suite de cette vile per- « sécution à laquelle s'étaient acharnés tous les « partis, contre un homme qui n'avait jamais voulu « être d'aucun, et qui était au-dessus de tous, à peine « était-il arrivé ici, que toutes sortes de bruits ab- « surdes se répandaient à Paris. J'appris qu'on y « débitait de toutes parts que les mémoires de sa « vie paraissaient. Craignant alors qu'il ne les eût « remis à quelqu'un d'assez infame pour trahir la « confiance de l'amitié, je fus alarmé du chagrin « que pourrait lui causer cette nouvelle, surtout « s'il venait à l'apprendre de quelque bouche in- « discrète, peu accoutumée à ménager la sensibi- « lité; c'est pourquoi je me déterminai à lui en « parler moi-même le premier; mais il ne me pa- « rut point du tout affecté de cette nouvelle; il « me dit que s'il eût été assez heureux pour « pouvoir passer dans l'obscurité et dans la paix « le reste de sa vie, comme il en avait passé les « commencements, et que si la seconde partie de

« ses jours, depuis que les circonstances l'avaient « jeté dans Paris, et que la funeste passion d'é« crire l'avait environné de tourments de toute es« pèce, ne lui eût pas fait une malheureuse obli« gation de justifier, dans le cas où il passerait à la « postérité, un nom qu'on avait cherché à noircir « pendant sa vie, il n'eût jamais songé à en écrire « l'histoire; mais qu'étant sans cesse accusé, sans « savoir de quoi, ni par qui, il avait été forcé de « laisser une pièce authentique dans laquelle la « postérité pourrait lire jusqu'au fond de son « ame, et le juger du moins en connaissance de « cause, sur ce qu'il pouvait avoir eu de bon et de « mauvais; que pour cet effet ayant été nécessai« rement obligé, dans la relation véridique des faits, « en parlant de lui sans aucune réserve, de par« ler également de plusieurs personnes suivant le « rapport qu'elles avaient eu avec lui, son inten« tion était qu'en tout état de cause ses mémoires « ne parussent jamais que long-temps après sa « mort et celle de toutes les personnes intéressées; « et que pour s'assurer que cette intention fût « exactement remplie, il avait remis l'unique exem« plaire de son écrit en pays étranger, dans des « mains sur lesquelles il croyait devoir compter; « que par conséquent l'ouvrage dont on parlait à « Paris, ou n'existait pas, ou n'était pas de lui; « ce qui ne manquerait pas d'être reconnu dans « un autre temps. Cette extrême tranquillité de « sa part m'eût étonné, mais il était rendu à lui« même; son caractère naturel était la gaieté, l'hu-

« manité et la tendresse; il fallait que l'orage fût « tout près de lui, lorsqu'il parvenait à boulever- « ser son ame; mais lorsqu'il se retrouvait avec « de bonnes gens, il reprenait toute sa bonhomie « naturelle; point philosophe, bon homme, *point « d'esprit tout-à-l'heure.* Ici il n'était occupé du « matin jusqu'au soir que d'amusements doux; il « ne recevait aucunes lettres, n'avait aucune af- « faire; son unique exercice était de ramasser des « fleurs, de rêver dans les bocages, de voguer « sur les eaux, d'errer dans les bois; il savourait « tout à loisir sa chère nature, qu'il adorait; s'il « n'était pas aimé par une seule personne autant « qu'il aurait voulu l'être, parce que chacun de « nous avait d'autres liens, il l'était par tous en- « semble autant qu'il méritait, et par aucun comme « il n'eût pas voulu l'être; il avait de sa liberté « plénière un sûr garant, c'est que nous le dési- « rions toujours et ne le cherchions jamais, parce « que c'était pour nous un plaisir de le voir. C'é- « tait uniquement pour lui seul que nous l'aimions. « C'était l'excellence de son cœur qui s'était toujours « fait sentir à moi dans ses écrits, comme dans ses « discours, qui avait entraîné le mien vers lui, « par une attraction toute puissante. Si le souvenir « amer de l'injustice des hommes ne lui permettait « pas de compter sur un bonheur permanent, du « moins je suis assuré qu'il jouissait du loisir, et « commençait à retrouver le repos de jour en jour; « sa physionomie se déridait, il revenait sensible- « ment à lui-même, à son état naturel, qui était

« d'aimer tout le monde et de chercher à répandre « sans cesse son cœur autour de lui par des actes « de bienfaisance et de charité; il avait déjà si « bien repris sa gaieté, franche et naïve comme « celle de l'enfance, que souvent sur le grand « banc de gazon du verger, il nous faisait tous « rire, petits et grands, par ses *contes à la suisse.* « S'il était content du calme qu'il commençait à « retrouver, nous l'étions réciproquement de sa « tranquillité; il l'avait payée de peines si poi- « gnantes, d'atteintes si aiguës, qu'il eût été bien « juste qu'il eût pu jouir plus long-temps de ce « faible dédommagement de toutes les cruelles « tortures qu'on avait eu la barbarie de faire es- « suyer à cet homme trop sensible! Mais hélas! ma- « dame, faut-il donc que le bonheur ne soit dans « la vie que le rêve de quelques instants, et qu'il « n'y ait que le malheur de réel et de durable! Que « ne puis-je m'arrêter ici, en ne vous parlant que « de ce qu'il était! La tâche que vous m'avez im- « posée n'eût été qu'une consolation; mais hélas! « il faut que je vous dise à présent comment il « n'est plus; et c'est ici que commence véritable- « ment la peine que j'éprouve à satisfaire votre « curiosité.

« Le mercredi 1er juillet il se promena l'après- « dîner, comme de coutume, avec son petit gou- « verneur; il faisait fort chaud; il s'arrêta plu- « sieurs fois pour se reposer, ce qui ne lui était pas « ordinaire, et se plaignit, à ce que l'enfant nous « a dit depuis, de quelques douleurs de colique,

« mais elles s'étaient dissipées lorsqu'il revint souper, et sa femme n'imagina même pas qu'il fût incommodé. Le lendemain matin, il se leva comme à son ordinaire, alla se promener au soleil levant, autour de la maison, et revint prendre son café au lait avec sa femme : quelque temps après, au moment où elle sortait journellement pour les soins du ménage, il lui recommanda de payer en passant un serrurier qui venait de travailler pour lui, et surtout de ne lui rien rabattre sur son mémoire, parce que cet ouvrier paraissait un honnête homme : tant il a conservé jusqu'au dernier instant le sentiment de l'ordre et de la justice ! A peine sa femme avait-elle été dehors pendant quelques instants, que, venant à rentrer, elle trouve son mari sur une grande chaise de paille, le coude appuyé sur une commode. Qu'avez-vous, dit-elle, mon bon ami, vous trouvez-vous incommodé ? — Je sens, répondit-il, de grandes anxiétés, et des douleurs de colique. Alors sa femme, afin d'avoir du secours sans l'inquiéter, feignit de chercher quelque chose, et pria le concierge d'aller dire au château que son mari se trouvait mal. Ma femme, avertie la première, y courut aussitôt ; et comme il n'était pas neuf heures du matin, et que ce n'était point une heure à laquelle on eût coutume d'y aller, elle prit le prétexte de lui demander, ainsi qu'à sa femme, si leur repos n'avait point été troublé par le bruit que l'on avait fait la nuit dans le village. Ah ! madame, lui répondit-il du ton le plus honnête et le plus attendri, je suis bien

« sensible à toutes vos bontés, mais vous voyez « que je souffre, et c'est une gêne ajoutée à la « douleur, que celle de souffrir devant le monde; « vous-même, vous n'êtes ni d'une assez bonne « santé, ni d'un caractère à pouvoir supporter la « vue de la souffrance. Vous m'obligerez, madame, « et pour vous et pour moi, si vous voulez vous « retirer et me laisser avec ma femme pendant « quelque temps. Elle se retira presque aussitôt. « Dès qu'il fut seul avec sa femme, il lui dit de ve- « nir s'asseoir à côté de lui : « Vous êtes obéi, lui « dit-elle, mon bon ami; me voilà : comment vous « trouvez-vous? — Mes douleurs de colique sont « bien vives; mais je vous prie, ma chère amie, « d'ouvrir les fenêtres, que je voie encore une fois « la verdure. Comme elle est belle! — Mon bon « ami, lui dit sa pauvre femme, pourquoi me dites- « vous cela? — Ma chère femme, lui répondit-il avec « une grande tranquillité, j'ai toujours demandé « à Dieu de mourir sans maladie et sans médecin, « et que vous puissiez me fermer les yeux. Mes vœux « vont être exaucés. Si je vous donnai des peines, « si, en vous attachant à mon sort, je vous ai causé « des malheurs que vous n'auriez jamais connus « sans moi, je vous en demande pardon. — Ah! « c'est à moi, mon bon ami, s'écria-t-elle en pleu- « rant, c'est bien plutôt à moi de vous demander « pardon de toutes les inquiétudes et les embarras « que je vous ai causés; mais pourquoi donc me « dites-vous tout cela? — Écoutez-moi, lui dit-il, « ma chère femme, je sens que je me meurs, mais

« je meurs tranquille ; je n'ai jamais voulu de mal « à personne et je dois compter sur la miséricorde « de Dieu. Mes amis m'ont promis de ne jamais « disposer, sans votre aveu, d'aucun des papiers « que je leur ai remis. M. de Girardin voudra bien « réclamer leur parole : vous remercierez M. et ma- « dame de Girardin de ma part. Je vous laisse entre « leurs mains, et je compte assez sur leur amitié « pour emporter avec moi la douce certitude qu'ils « voudront bien vous servir de père et de mère. « Dites-leur que je les prie de permettre que je sois « enterré dans leur jardin. Vous donnerez mon *sou-* « *venir* à mon petit gouverneur ; vous donnerez « aux pauvres du village, pour qu'ils prient pour « moi, et à ces bonnes gens dont j'avais arrangé « le mariage, le présent de noces que je comptais « leur faire. Je vous charge en outre expressément « de faire ouvrir mon corps, après ma mort, par « des gens de l'art, et d'en faire dresser un procès « verbal.

« Cependant ses douleurs augmentaient, il se « plaignait de picotements aigus dans la poitrine, « et de violentes secousses dans la tête. Sa malheu- « reuse femme se désolait de plus en plus. Ce fut « alors que, voyant son désespoir, il oublia ses « propres souffrances pour ne s'occuper que de « la consoler. Eh ! quoi, lui dit-il, ma chère amie, « vous ne m'aimez donc plus, puisque vous pleu- « rez mon bonheur ? Bonheur éternel, qu'il ne « sera plus au pouvoir des hommes de troubler ! « Voyez comme le ciel est pur, en le lui montrant

« avec un transport qui rassemblait toute l'énergie « de son ame; il n'y a pas un seul nuage, ne voyez-« vous pas que la porte m'en est ouverte, et que « Dieu m'attend? . . . . .

« A ces mots, il est tombé sur la tête en entraî-« nant sa femme avec lui : elle veut le relever, elle « le trouve sans parole et sans mouvement; elle « jette des cris; on accourt, on le relève, on le met « sur son lit; je m'approche, je lui prends la main; « je lui trouve un reste de chaleur, je crois sentir « une espèce de mouvement. La rapidité de ce cruel « événement qui s'était passé dans moins d'un quart « d'heure me laisse encore une lueur d'espérance; « j'envoie chez le chirurgien voisin; j'envoie à « Paris chez un médecin de ses amis pour l'ame-« ner sur-le-champ; je me hâte d'aller chercher de « l'alkali-fluor; je lui en fais respirer, avaler à dif-« férentes reprises : soins superflus! Hélas! cette « mort si douce pour lui, et si fatale pour nous, « cette perte irréparable était déjà consommée; et « si son exemple m'a appris à mourir, il ne m'a « pas appris à me consoler de sa mort. J'ai voulu « du moins conserver à la postérité les traits de « cet homme immortel. M. Houdon, fameux sculp-« teur, que j'ai envoyé avertir, est venu promp-« tement mouler l'empreinte de son buste; et j'es-« père qu'il sera ressemblant, car pendant deux « jours qu'il est resté sur son lit, son visage a « toujours conservé toute la sérénité de son ame; « on eût dit qu'il ne faisait que dormir en paix, du « sommeil de l'homme juste. Sa malheureuse femme

« ne cessait de l'embrasser comme s'il eût été en-« core vivant, sans qu'il fût possible de lui arracher « cette douloureuse et dernière consolation. Ce « n'est que le lendemain au soir que son corps, « ainsi qu'il l'avait exigé, a été ouvert en présence « de deux médecins et de trois chirurgiens. Le pro-« cès verbal qui en a été fait atteste que toutes « les parties en étaient parfaitement saines, et que « l'on n'a trouvé d'autre cause de sa mort, qu'un « épanchement de sérosité sanguinolente sur le « cerveau : tant la mort peut frapper promptement « la tête même la plus sublime! . . . .

« Je l'ai fait embaumer et renfermer dans un « cercueil, du bois le plus dur, recouvert de plomb « en dedans et en dehors, avec plusieurs médailles « qui contiennent son nom et la date de son âge « et de sa mort. J'ai prié un Génevois de ses amis « de venir ici, afin que toutes les formes géne-« voises puissent être observées exactement, et le « samedi 4 juillet, nous l'avons porté dans l'île des « Peupliers, où on lui a érigé sur-le-champ un « tombeau avec cette inscription que j'ai osé y « mettre, comme étant dictée par le premier mou-« vement de mon cœur.

« Ici, sous ces ombres paisibles,
« Pour les restes mortels de *Jean-Jacques Rousseau*,
« L'amitié posa ce tombeau :
« Mais c'est dans tous les cœurs sensibles
« Que cet homme divin, qui fut tout sentiment,
« Doit trouver de son cœur l'éternel monument. »

« Cette île m'a paru être la situation la plus « convenable à cette honorable destination. C'est

« une espèce de sanctuaire, qui semble formé par « la nature même, pour recevoir son favori. Le « sol est couvert de gazon ; il n'y a pour arbres que « des peupliers dont les pieds sont garnis de fleurs. « L'eau qui s'étend autour de l'île est calme et « transparente, et le vent semble craindre d'en « troubler la tranquillité. Cette espèce d'enceinte « religieuse autour de ce dépôt sacré répand dans « cet asile un mystère qui dispose à une tendre « mélancolie. C'est là que tous ceux qui l'aimaient, « c'est là que sa malheureuse femme qui a tout « perdu en lui, parce qu'il était l'univers pour « elle, va tous les jours soulager sa douleur; en « voyant le lieu où il est, la malheureuse croit le « voir encore; elle croit que son ame vient con- « verser avec elle. Vous savez, madame, que c'était « le sentiment de sa Julie mourante et par consé- « quent le sien, que les ames dégagées d'un corps « qui vient d'habiter la terre, peuvent y revenir « encore errer et demeurer peut-être autour de ce « qui leur est cher, et, par une communication in- « térieure, semblable à celle de Dieu, pénétrer « jusque dans leurs pensées. Et en effet, il semble « que cette ame dont le dernier soupir fut celui « de la bienfaisance et de l'amour, erre encore au- « tour de ces ombrages épais pour s'y confondre « dans l'ame de tous ceux qui viennent rêver à « la tendresse et à l'amitié. »

www.ingramcontent.com/pod-product-compliance
Ingram Content Group UK Ltd.
Pitfield, Milton Keynes, MK11 3LW, UK
UKHW020406220726
13923UKWH00004B/1779

9 782019 263331